AF548390

Ich wünsch dir eine Wolke

1. Auflage November 2020

franchili / 86

Detaillierte bibliographische Daten sind unter http://dnb.ddb.de bei der Deutschen Nationalbibliographie abrufbar.
Gestaltung, Layout, Lektorat: chiliverlag
Autorenfoto S. 82: Monika Milcz

Printed in Germany
ISBN 978-3-943292-84-8

www.chiliverlag.de

Monika Milcz

Ich wünsch dir eine Wolke

Gedichte

chiliverlag

I. Reise ins Innere oder Flucht nach vorn

HEISS ODER KALT

Jules Verne:
Reise ins Innere der Erde

Corona:
Reise ins Innere des Selbst
oder wenigstens des Kühlschranks

SUBTRAKTION LERNEN

2x danken
minus
1x wünschen
ist gleich
1x danken ... gut!

WOHIN?

Flucht nach Varennes?
Zu weit!

Flucht ins Vergnügen?
Zu nah!

Flucht nach vorn (im Gedicht)?
Also doch Flucht nach Varennes!
Zu weit!

Flucht ins Vergnügen?

Usw.

GUTER RAT

Ich ginge gerne fremd,
sprach das nervöse Hemd.

Du kriegst eine Psychose,
meinte die altmodische Hose.

Ach, gönn' dir lieber Muse,
sagte die Rüschenbluse.

Nein, geh' an die frische Luft,
befand die adrette Kluft.

AUS DEM TAGEBUCH EINER WEGSCHNECKE

Die Wegschnecke
war in tiefes Nachdenken
versunken.
Sie dachte mal wieder
über ihren Namen nach ...

„Nomen est omen!"
Wahrscheinlich nannte man sie
nur so, weil man sie eben
„weg" haben wollte!
Ihre Verwandten, das wusste sie,
waren auf sie nicht gut zu sprechen.
Wenn man sie wenigstens
„Nudel" genannt hätte!
Da könnte man noch heraushören,
dass auch sie – ja, wirklich! –
schmackhaft war.
Aber für die Weinbergschnecken
hieß sie nur abfällig
„die Nudistin".

Und etwas Wahres
war an der Verunglimpfung:
Sie musste Tag für Tag
ihr nacktes Leben retten.
Wussten die Hausbesitzer überhaupt,
was das ist, das „nackte Leben"?
Oder wussten das nur
ihre Weg(schnecken)gefährten?

ERINNERUNGEN

Erinnerungen
mit Glasur
rutschen
egal
ob herunter
oder hinauf
zum Wiederkäuen
genüssliches Verdauen
(der leeren Kalorien)
mehr sage ich nicht

MENSCHEN-SCHACH

Jede Figur
von Eigenart

Jede Figur
in Beziehung

Jede Figur
von Wert

Jede Figur
kann vom Brett verschwinden

IM GARTEN EDEN

Baum des Lebens,
sind deine Früchte schmackhaft genug?
Kannst du Schritt halten
mit dem Baum der Erkenntnis?

Baum der Erkenntnis,
ist das Leben erst dann wertvoll,
wenn es begrenzt ist?

NOVEMBER

November,
deine Schönheit
                                        ist bitter

Sie versteckt sich
auf dem hinteren Teil
                                        der Zunge

und spiegelt sich
(eitel ist auch sie)
im blanken Fluss
unter den heiseren Schreien
                                        der Wildgänse

November,
deine Schönheit
ist nicht vergänglich,
deine Schönheit
                                        ist Vergänglichkeit.

LA WIE PRIWEH

Es sprach
im See
die Kuh:
„Nothing to do
ist für mich der Clou!"

Es sprach
die Kuh
im See:
„La vie privée
ist einfach schee!"

VIER ARTEN ZU GLAUBEN

Es regnet,
aber ich glaube es nicht.

Es regnet nicht,
aber ich glaube es.

Es regnet nicht
und ich glaube es nicht.

Es regnet
und ich glaube es.

NACHT

Die Nacht beginnt
Der Vorhang fällt
Es ruht eine Weile
Das Theater der Welt

Wo sind jetzt die Spieler?
Was schweigt der Applaus?
Es wandelt sich heimlich
Das sonst volle Haus

Es schlummern die Zwänge
Damit hat's jetzt Zeit
Mögen sie bleiben
Ferne und weit!

Es reinigt das Dunkel
Was laut war und grell
Und flüstert ihm zu:
Du wirst wieder hell!

II.
Klammern wir uns an die Liebe

LIEBE

Liebst du mich,
dann hab' ich dich!

Doch hast du mich,
lieb' ich dich gar nicht.

Hasst du mich gar?
Ich lieb' dich nicht!

Hast du mich lieb,
dann hast du mich!

MEHR ALS WIR DENKEN

Von Tag zu Tag
auf's Neue
klammern wir uns
an die Liebe
die wir bekommen
wie an einen Strohhalm

Wieviel Stroh haben wir schon gesammelt?

BEIM DRITTEN MAL KLAPPT ES!

Der Hammel
hummelte
den Himmel an.

Der Himmel
hammelte
die Hummel an.

Die Hummel
himmelte
den Hammel an.

DEINE LIEBE

Deine Liebe
ist mal provokant,
mal ist sie
wie Proviant.

Dann wieder ist sie
progressiv,
proaktiv
und produktiv.

Kurz gesagt
und 100 pro:
sie ist genau
richtig so!

ZUSTÄNDE

Schmelzendes Eis:
du seist mir amor!

Rauschendes Wasser:
du seist mir dilectio!

Aufsteigender Dampf:
du seist mir caritas!

EIN-DRÜCKE AUS VERGANGENEN ZEITEN

Der Händedruck
auf Augenhöhe:
man spürt das
„gleiche Holz".

Der Schraubstock-
Händedruck:
tut zwar nicht weh,
könnte es aber theoretisch.

Der zärtliche Händedruck,
bei dem man sich
wie ein liebes Kind
vorkommen darf.

Der distanzierte
Händedruck, der
die Bezeichnung „Druck"
gar nicht verdient.

Der weiche
Händedruck:
nicht schlecht!

Der umarmende
Händedruck:
der schönste!

LIEBESERKLÄRUNG

Du bist mir
eine Abzugshaube,
ein Ventil
und viel,
viel mehr.
ich sage dir nur:
„Danke sehr!“

DER GRÜNE HÜNE

Ich liebe einen Mammutbaum;
er ist ein Traum von einem Baum.
Doch sprengt's den Rahmen,
ihn zu umarmen,
so mächtig ist er und so stark –
er ist der Rübezahl im Park.

Trotzdem bemerkt ihn nicht ein jeder,
es braucht dazu ne Rabenfeder
und ein Blatt ...
Dann kann ich dir erzählen
von Hünen, Helden und Juwelen.

Ich liebe einen Mammutbaum;
er ist ein Traum von einem Baum.
Er schenkt mir Schatten, Zapfen, Friede
und es ist eine Mammutliebe!

III.
Melodien im Unendlichen

OHNE TITEL

Das Radio
anschalten,
um Musik
zu hören

Das Radio
ausschalten,
um Stille
zu hören

DIE STILLE

stillt!
Sie stillt ihre Kinder,
die Töne und Wörter,
die sich für emanzipiert halten,
wenn ihnen eine Melodie
oder ein Satz
gelungen ist
und doch
ohne sie
– nichts – sind!

BEGRÜNDUNG DER BERUFSWAHL

Die Mutter sprach
zu ihrem Spross,
der – völlig aus der Art geschlagen –
ein Musikus geworden war:
„Von mir kannst du es
ja nicht haben ...
Sag: Ist denn alles angelernt,
was du vermagst?"

Der Spross in seiner Not
berief sich schnell
auf einen Größeren:
„Ich bin doch eben mehr
der Wahrheit als nur
der Schönheit Bild verpflichtet;
so war's ja auch
bei weiland Beethoven gerichtet!"

DES KAISERS ALLERNEUESTE KLEIDER

Weil er sich seiner Sache
nicht sicher war,
beschloss der Chorsänger Herr X,
beim Konzert lediglich den Mund aufzumachen,
nicht ahnend, dass seine Kollegen
das Gleiche planten.

So erklang beim Konzert nun kein Laut.
Stumm bewegten sich die Lippen
und der Chorleiter dirigierte erschüttert weiter.

Am Ende des Konzerts
gab es anhaltenden Applaus.
Der Pfarrer zeigte sich begeistert
und die Gemeinde meinte,
so schön habe der Chor noch nie gesungen.
Man lobte die saubere Intonation
und die klare Diktion.

Da rief ein kleiner Ministrant:
„Aber man konnte sie doch gar nicht hören!"
Es war für alle Beteiligten ein wenig peinlich.

WUNSCHDENKEN

Ach, wäre ich
Beethovens Haushälterin gewesen!
Er wäre
von manchem Leiden genesen ...
Und schmiss er mir
sein Metronom an den Kopf,
würf' ich noch lange keinen Suppentopf!
Bis zum Ende
wäre ich bei ihm geblieben;
am Schluss hätt' er noch
eine Zehnte geschrieben!

Gewidmet: Fräulein Hedwig Müller –
wär' das nicht ein echter Knüller?

STILLE

Stille,
du bist wie klare Luft
am Morgen,
wie sauberes Wasser,
wie die weiße Leinwand
eines Malers
oder wie frisches Brot,
das ohne Zutaten schmeckt.

ZUKUNFTSMUSIK
ODER: TREFFPUNKT IM UNENDLICHEN

Wie klingt ein Musikstück,
dessen Melodien
parallel zueinander verlaufen,
im Unendlichen?

IKEBANA

Stille,
ein irdenes Gefäß,
in dem ich
die Gedanken-Blumen
ordne

WEIHNACHTSTRÄUME

Der Bäcker träumt
von einer weißen Weihnacht

Die Putzfrau träumt
von einer sauberen Weihnacht

Der Rennfahrer träumt
von einer rasanten Weihnacht

Der Rockmusiker träumt
von einer fetzigen Weihnacht

Die Kinder träumen
von einer fröhlichen Weihnacht

ZEITUNGSNOTIZEN

Der städtische Tiefseetaucherchor
kam bei seinem diesjährigen Weihnachtskonzert
mit insgesamt elf Atemzügen aus.
Dies täuschte jedoch nicht darüber hinweg,
dass ihm die Barkarole komplett ins Wasser fiel!
Wir hätten uns einen flüssigeren Vortrag gewünscht.
Es bleibt die Frage:
Müssen die Sänger beim Singen unbedingt
Schnorchel tragen?

Die Tatsache, dass Beethoven einem Freund
Ziegenbarthaare schenkte und sie als seine
eigenen ausgab,
sollte ungeahnte Konsequenzen für die
Musikgeschichte haben!

IMPROMPTU

Du hast vom Wind erzählt
und wurdest nicht weggeweht.

Du hast vom Feuer erzählt
und bist nicht verbrannt.

Du hast vom Wasser erzählt
und bist nicht untergegangen.

Du hast vom Tod erzählt
und bist nicht gestorben.

IV. Gedankenkatzensprünge und Pusteblumen

FEUER, WASSER, STURM

Sind Träume
wie flüssige Lava:
erst heiß beim Austreten
und später erstarrt?

Oder sind sie
wie Wasser:
wandlungsfähig
und umleitbar?

Oder gleichen sie
der Luft:
duftig und letztendlich
nicht zu fassen?

TRÄUME SIND ...

hell wie der Morgen

leicht wie Pusteblumen

lebensnotwendig wie Wasser

einfach wie die Muttersprache

und doch müssen wir das Träumen
immer wieder lernen ...

ORTHOGONAL

Wolfsträume:
Ich habe Hunger
wie ein Wolf!

Schafsträume:
Wenn ich doch
ungeschoren davonkäme!

PFERDEVERSTAND

Vor den Karren
meines Lebens gespannt
Wider meine Pferdemoral
werfe ich vorübergehend
mein Geschirr ab
und vergesse völlig
dass ich ein Pferd bin!

IN ALLER KÜRZE

Jetzt haben wir den Salat,
sprach die Schnecke
und freute sich.

Eine Erkältung? Nein, danke!
Eine Verheißung?
Ja, gern!

Warum ist es für uns am schönsten,
wenn die Zeit
schnell vergeht?

Unterwegs sein und dabei
das Ankommen
nicht vergessen.

Sehnsucht nach Leben
ist die milde Form
von Gier nach Leben.

Liebe im Quadrat
ist die Liebe
um der Liebe willen.

Liebe ist vor allem
der immer wieder
neue Anfang.

Die Eintagsfliege:
„Zum Verzweifeln
ist das Leben zu kurz!"

„Spieglein, Spieglein
an der Wand: Bist du diskret,
bin ich gebannt."

URLAUB

Ein wenig Leichtsinn
ein wenig Luxus

Ein wenig Larifari
ein wenig Laissez-faire

Ein wenig Lachen
ein wenig Lächeln

Ein wenig Liebe
ein wenig Liebelei

DEINE TRÄUME

Deine Träume
sollen teuer sein
auch wenn sie
nichts oder nur wenig kosten
nur erschwinglich
für dich allein
Sie mögen
die billigen Träume vertreiben
Sie möchten,
statt zu verrosten,
bei dir immer bleiben

SCHÖNHEITSGEHEIMNIS

Entschuldigung!
Wie schaffen sie es,
immer jung
zu bleiben?

Ich bin ein Traum
(das hält in Schwung)
und Träume
werden nicht alt.

KONVERTIERUNG

Aus dem langen,
beschwerlichen Tagesmarsch
mache ich einen
Gedankenkatzensprung
und schnurre innerlich
vor Vergnügen.

GEHEIMTIPP

Wenn du merkst,
dass dein Marktwert verfällt:
Mach' dir nichts draus
und tu', was dir gefällt!
Hauptsache ist doch,
du bist auf der Welt!

LAO-TSE

Viele Worte,
die wiegen leicht,
sind auch
in der Masse seicht.

Wenig Worte
von Gewicht
geben ein Gedicht.

NFANGENDEANFANGENDEANFANGENDEANFANGENDEANFANG

Da ist viel Abschied ...
Danke für die Träume!
Sie sind vor dem Vergilben
sicher geschützt.
Frei zu sein
von Begehrlichkeiten
ist ein schönes Geschenk
und ein guter Anfang ...

VERSCHENKE ALSBALD EIN LÄCHELN!

Lass' es sich
selbständig machen –
es will weiterwandern
und Grenzen überwinden …
Irgendwann wird es
wie ein Bumerang
ganz unerwartet
zu dir zurückkehren:
Es hat eine Weltreise
hinter sich
und hat dich
trotzdem nie vergessen!

V.
Ich wünsch' dir eine Wolke …

MEIN WUNSCH FÜR DICH

Ich wünsch' dir eine Wolke ...
Doch nicht aus Molke,
sie soll aus Zuckerwatte sein –
und bitte iss sie nicht allein!

Auch die Engel
wollen etwas kriegen,
denn stets nur Ambrosia
bleibt im Magen liegen.

Such' dir die schönste Wolke aus,
dann wird es ein Festtagsschmaus!
Angel' sie mit nem Köder herunter,
oder rufe einfach „Land unter!"

Dann lassen die Engelein
bald von ihr ab.
Ein Zuckerwattenwolkenfest,
bitte nicht zu knapp!

SCHWERKRAFT

Ich möchte mich erden
im von der Sonne
beschienenen Stroh
barfuß
ohne mein Zutun
einfach so
doch mit Zutrauen
wie ein Kind
das am Boden spielt
und nicht fallen kann
im Sommer
im Wind

ZEIT HABEN

Einen Vorrat an Zeit haben
wie einen randvoll gefüllten
Picknickkorb!

Warum ist es wie ein Gefühl
von Ewigkeit,
wenn man Zeit hat?

HERZLICHEN DANK!

Wieder ein Tag zu Ende.
Danke, mein Herz,
dass du für mich wieder
mehr als 100 000-mal
geschlagen hast!

AUS DEM NICHTS

Zeit verplempern
Gedanken schlendern
Zinsen für's Nichtstun
ob Mensch oder Huhn
Ein Ei: vollkommen in der Form
Gedanken ohne feste Norm
Es schlüpft: ein Küken
oder einfach: Glück

ICH MÖCHTE MICH LIEBEN!

Es liegt wohl am Wochenende:
ein Kompliment,
ein sympathisches Spiegelbild,
ein kleines Erfolgserlebnis –
das wäre doch ein Anfang!
Es muss ja nicht gleich
geheiratet werden!

REGENTROPFEN-LOTTO

Du brauchst sechs Richtige:
einen Tropfen auf den linken Handrücken,
einen auf den rechten Handteller,
zwei auf die Stirn
und nochmal je einen auf beide Wangen –
und einen Zusatztropfen
auf die Nasenspitze.

Du hast gewonnen!

PENTAGRAMM

5 Kontinente für acht Milliarden

5 Brote für fünftausend

5 Finger für einen einzigen Menschen,
um ihn aus dem Wasser zu ziehen?

SCHNECKLEINS WUNSCH

Was sich die Schnecke
zum Geburtstag wünschte?
Beethovens Fünfte?

Frittierte Läuse?
Essbare Blumensträuße?
Desinteressierte Mäuse?

Nichts von alledem!
Entschleunigung, so sagte sie,
Entschleunigung wäre schön!

SEHNSUCHT

nach Taubengurren
und Hundegebell

nach dem Geruch
von Sägespänen
auf dem Dachboden

nach Autofahren
im Fond

nach dem Zählen
von Mückenstichen

nach einem Leben
ohne Träume
weil alles bereits
Traum ist

Sehnsucht
nach Kindheit

VI.
Eine Reparatur-werkstatt für Geist, Seele und Körper

DER OSTERHASE

Ich schlage gerne Ha-
ken,

das muss ich von mir sa-
gen,

und wenn ich Haken schla-
ge,

dann tritt es klar zuta-
ge!

SO EIN SCHLAMASSEL!

Es war einmal eine Assel,
die lebte im Keller,
eine Kellerassel eben.
Doch irgendwann
zog sie hinaus ins Freie.
Nun war sie nur noch eine Assel,
eine freischaffende (ohne Keller).
Ob das gut ging?

Sie soll einmal
im Schlamm gelandet sein
und als „Schlammassel“
gelebt haben.
Arme Assel im Schlamassel!

MIDLIFE-CRISIS

Von wegen Midlife-Crisis:
ich habe zwanzig Jahre
im Koma gelegen
und bin um die dreißig!

WIE GEWINNE ICH LEBENSZEIT?

Meine Tante Berta
heißt für mich Bertante.
Und Onkel Egon
nenne ich einfach Egonkel.

FINALER ENKELTRICK

Ruft mich an der Knochenmann,
geh' ich blöderweise dran ...
„Sie haben gewonnen
und bekommen
von uns eine Reise!
Aber seien Sie leise;
es geht ans schöne Ufer der Lethe!
Jetzt seien Sie mal nicht etepetete
und freuen Sie sich drauf!"
Ich schreie „Falsch verbunden!"
und lege unumwunden
auf!

HERR MORPHEUS

... betreibt eine Reparaturwerkstatt
für Geist, Seele und Körper
gleich hier um's Eck
in uns'rer Stadt.
Seine Methoden?
Sie liegen im Dunkeln,
doch hört man machmal
die Leute munkeln:
Er will deine Zeit
und dass du bereit
bist, ihm zu erliegen
und mit ihm
ins Unbekannte fortzufliegen ...

ROTKÄPPCHEN 2.0

Bist du vegan?,
fragte der böse Wolf
Rotkäppchen
und seine Augen
funkelten gierig.
Nein!
Rotkäppchen
lachte hell auf.
Und deine Großmutter?,
fragte der Wolf heiser.
Die ist nicht einmal
glutenfrei ...
Der Wolf verzog
angewidert seine Lefzen.
Da sah er
in Rotkäppchens Korb
eine Flasche
eisenhaltigen Möhrensaft.
Immerhin!

2. REGAL LINKS!

Neulich wurde ich
im Supermarkt
von einem Herrn
gefragt,
ob ich als Frau
wüsste,
wo der Gelierzucker sei.
Tandaradei!

Als Mensch –
so wurde mir
später bewusst –
hätte ich es
wohl gewusst ...

Inhalt

I. Reise ins Innere oder Flucht nach vorn

II. Klammern wir uns an die Liebe

III. Melodien im Unendlichen

IV. Gedankenkatzensprünge und Pusteblumen

Die Autorin

Monika Milcz wurde in Stuttgart geboren. Sie studierte Klavier in Heidelberg (Dipl.) und längere Zeit Elementare Musikpädagogik in Mannheim. Heute arbeitet sie als Klavierlehrerin, vor allem im Frühinstrumentalbereich. Daneben bekleidet sie verschiedene Ehrenämter in der Kirche. Seit 2015 veröffentlicht Monika Milcz Gedichte in verschiedenen Verlagen.

Die Katze fraß mein Winterkleid – Neue Gedichte für besondere Kinder
von 22 Autorinnen und Autoren, hrsg. von Franziska Röchter
Mit einem Vorwort von Gerald Jatzek und einem Nachwort von Jörn Kalkbrenner, chiliverlag, April 2020
ISBN 978-3-943292-85-5, 76 Seiten, Euro 9,90

In diesem zweiten Kindergedichtband des chiliverlags nimmt die Natur einen großen Platz ein. 22 Autorinnen und Autoren, unter ihnen der Kinderlyrikpreisträger Gerald Jatzek, Barbara Zeizinger, Alex Dreppec, Marlies Kalbhenn, Renate Buddensiek und Sandhya Hasswani, dichten für Kinder über den Regen, Glückskatzen, Würmer, Störche, Schnecken und Vögel. Aber auch Musikalisches und Gedichte aus der Welt der Kinderfantasie über Hexen, Gespenster, verbummelte Socken, Kackschuhe sowie allerlei zungenbrecherischer Unfug kommen nicht zu kurz, um den Kleinen Spaß zu bereiten. „Damit die Verse laut erklingen ... und bei unseren Kindern und Enkelkindern das Gefühl für die Schönheit und den Zauber der Poesie erwecken." (Jörn Kalkbrenner)